Bibliografische Information der Deutschen Nationalbibliothek: Die Deutsche Nationalbibliothek verzeichnet diese Publikation in der Deutschen Nationalbibliografie; detaillierte bibliografische Daten sind im Internet über http://dnb.dnb.de abrufbar.

Verlag: BoD • Books on Demand GmbH, In de Tarpen 42, 22848 Norderstedt

Druck: Libri Plureos GmbH, Friedensallee 273, 22763 Hamburg

ISBN: 978-3-7597-6788-2

„ZAHL, BESONDERHEIT & BEDEUTUNG"

FÜR DICH & MICH! ...

ICH IST KEIN ROBOTER !

DUNKELHEIT LICHT,
NIEMAND NICHT!

PUNKT   PUNKT   PUNKT!   ...

DAS	IST	KEIN	ZUFALL!
DAS	IST	KEIN	ZUFALL!
DAS	IST	KEIN	ZUFALL!
DAS	IST	KEIN	ZUFALL!
DAS	IST	KEIN	ZUFALL!
DAS	IST	KEIN	ZUFALL!
DAS	IST	KEIN	ZUFALL!
DAS	IST	KEIN	ZUFALL!
DAS	IST	KEIN	ZUFALL!
DAS	IST	KEIN	ZUFALL!
DAS	IST	KEIN	ZUFALL!
DAS	IST	KEIN	ZUFALL!
DAS	IST	KEIN	ZUFALL!
DAS	IST	KEIN	ZUFALL!
DAS	IST	KEIN	ZUFALL!
DAS	IST	KEIN	ZUFALL!
DAS	IST	KEIN	ZUFALL!
DAS	IST	KEIN	ZUFALL!
DAS	IST	KEIN	ZUFALL!
DAS	IST	KEIN	ZUFALL!
DAS	IST	KEIN	ZUFALL!

DAS	IST	ZUFALL	KEIN!
DAS	IST	ZUFALL	KEIN!
DAS	IST	ZUFALL	KEIN!
DAS	IST	ZUFALL	KEIN!
DAS	IST	ZUFALL	KEIN!
DAS	IST	ZUFALL	KEIN!
DAS	IST	ZUFALL	KEIN!
DAS	IST	ZUFALL	KEIN!
DAS	IST	ZUFALL	KEIN!
DAS	IST	ZUFALL	KEIN!
DAS	IST	ZUFALL	KEIN!
DAS	IST	ZUFALL	KEIN!
DAS	IST	ZUFALL	KEIN!
DAS	IST	ZUFALL	KEIN!
DAS	IST	ZUFALL	KEIN!
DAS	IST	ZUFALL	KEIN!
DAS	IST	ZUFALL	KEIN!
DAS	IST	ZUFALL	KEIN!
DAS	IST	ZUFALL	KEIN!
DAS	IST	ZUFALL	KEIN!
DAS	IST	ZUFALL	KEIN!

DAS	KEIN	IST	ZUFALL!
DAS	KEIN	IST	ZUFALL!
DAS	KEIN	IST	ZUFALL!
DAS	KEIN	IST	ZUFALL!
DAS	KEIN	IST	ZUFALL!
DAS	KEIN	IST	ZUFALL!
DAS	KEIN	IST	ZUFALL!
DAS	KEIN	IST	ZUFALL!
DAS	KEIN	IST	ZUFALL!
DAS	KEIN	IST	ZUFALL!
DAS	KEIN	IST	ZUFALL!
DAS	KEIN	IST	ZUFALL!
DAS	KEIN	IST	ZUFALL!
DAS	KEIN	IST	ZUFALL!
DAS	KEIN	IST	ZUFALL!
DAS	KEIN	IST	ZUFALL!
DAS	KEIN	IST	ZUFALL!
DAS	KEIN	IST	ZUFALL!
DAS	KEIN	IST	ZUFALL!
DAS	KEIN	IST	ZUFALL!
DAS	KEIN	IST	ZUFALL!

DAS	*KEIN*	*ZUFALL*	*IST!*
DAS	*KEIN*	*ZUFALL*	*IST!*
DAS	*KEIN*	*ZUFALL*	*IST!*
DAS	*KEIN*	*ZUFALL*	*IST!*
DAS	*KEIN*	*ZUFALL*	*IST!*
DAS	*KEIN*	*ZUFALL*	*IST!*
DAS	*KEIN*	*ZUFALL*	*IST!*
DAS	*KEIN*	*ZUFALL*	*IST!*
DAS	*KEIN*	*ZUFALL*	*IST!*
DAS	*KEIN*	*ZUFALL*	*IST!*
DAS	*KEIN*	*ZUFALL*	*IST!*
DAS	*KEIN*	*ZUFALL*	*IST!*
DAS	*KEIN*	*ZUFALL*	*IST!*
DAS	*KEIN*	*ZUFALL*	*IST!*
DAS	*KEIN*	*ZUFALL*	*IST!*
DAS	*KEIN*	*ZUFALL*	*IST!*
DAS	*KEIN*	*ZUFALL*	*IST!*
DAS	*KEIN*	*ZUFALL*	*IST!*
DAS	*KEIN*	*ZUFALL*	*IST!*
DAS	*KEIN*	*ZUFALL*	*IST!*
DAS	*KEIN*	*ZUFALL*	*IST!*

DAS	*ZUFALL*	*IST*	*KEIN!*
DAS	*ZUFALL*	*IST*	*KEIN!*
DAS	*ZUFALL*	*IST*	*KEIN!*
DAS	*ZUFALL*	*IST*	*KEIN!*
DAS	*ZUFALL*	*IST*	*KEIN!*
DAS	*ZUFALL*	*IST*	*KEIN!*
DAS	*ZUFALL*	*IST*	*KEIN!*
DAS	*ZUFALL*	*IST*	*KEIN!*
DAS	*ZUFALL*	*IST*	*KEIN!*
DAS	*ZUFALL*	*IST*	*KEIN!*
DAS	*ZUFALL*	*IST*	*KEIN!*
DAS	*ZUFALL*	*IST*	*KEIN!*
DAS	*ZUFALL*	*IST*	*KEIN!*
DAS	*ZUFALL*	*IST*	*KEIN!*
DAS	*ZUFALL*	*IST*	*KEIN!*
DAS	*ZUFALL*	*IST*	*KEIN!*
DAS	*ZUFALL*	*IST*	*KEIN!*
DAS	*ZUFALL*	*IST*	*KEIN!*
DAS	*ZUFALL*	*IST*	*KEIN!*
DAS	*ZUFALL*	*IST*	*KEIN!*
DAS	*ZUFALL*	*IST*	*KEIN!*
DAS	*ZUFALL*	*IST*	*KEIN!*

DAS	ZUFALL	KEIN	IST!
DAS	ZUFALL	KEIN	IST!
DAS	ZUFALL	KEIN	IST!
DAS	ZUFALL	KEIN	IST!
DAS	ZUFALL	KEIN	IST!
DAS	ZUFALL	KEIN	IST!
DAS	ZUFALL	KEIN	IST!
DAS	ZUFALL	KEIN	IST!
DAS	ZUFALL	KEIN	IST!
DAS	ZUFALL	KEIN	IST!
DAS	ZUFALL	KEIN	IST!
DAS	ZUFALL	KEIN	IST!
DAS	ZUFALL	KEIN	IST!
DAS	ZUFALL	KEIN	IST!
DAS	ZUFALL	KEIN	IST!
DAS	ZUFALL	KEIN	IST!
DAS	ZUFALL	KEIN	IST!
DAS	ZUFALL	KEIN	IST!
DAS	ZUFALL	KEIN	IST!
DAS	ZUFALL	KEIN	IST!
DAS	ZUFALL	KEIN	IST!

IST *DAS* *KEIN* *ZUFALL?*

IST *DAS* *KEIN* *ZUFALL?*

IST *DAS* *KEIN* *ZUFALL?*

IST *DAS* *KEIN* *ZUFALL?*

IST *DAS* *KEIN* *ZUFALL?*

IST *DAS* *KEIN* *ZUFALL?*

IST *DAS* *KEIN* *ZUFALL?*

IST *DAS* *KEIN* *ZUFALL?*

IST *DAS* *KEIN* *ZUFALL?*

IST *DAS* *KEIN* *ZUFALL?*

IST *DAS* *KEIN* *ZUFALL?*

IST *DAS* *KEIN* *ZUFALL?*

IST *DAS* *KEIN* *ZUFALL?*

IST *DAS* *KEIN* *ZUFALL?*

IST *DAS* *KEIN* *ZUFALL?*

IST *DAS* *KEIN* *ZUFALL?*

IST *DAS* *KEIN* *ZUFALL?*

IST *DAS* *KEIN* *ZUFALL?*

IST *DAS* *KEIN* *ZUFALL?*

IST *DAS* *KEIN* *ZUFALL?*

IST *DAS* *KEIN* *ZUFALL?*

IST *DAS* *KEIN* *ZUFALL?*

IST   *DAS*   *ZUFALL*   *KEIN?*

IST   *DAS*   *ZUFALL*   *KEIN?*

IST   *DAS*   *ZUFALL*   *KEIN?*

IST   *DAS*   *ZUFALL*   *KEIN?*

IST   *DAS*   *ZUFALL*   *KEIN?*

IST   *DAS*   *ZUFALL*   *KEIN?*

IST   *DAS*   *ZUFALL*   *KEIN?*

IST   *DAS*   *ZUFALL*   *KEIN?*

IST   *DAS*   *ZUFALL*   *KEIN?*

IST   *DAS*   *ZUFALL*   *KEIN?*

IST   *DAS*   *ZUFALL*   *KEIN?*

IST   *DAS*   *ZUFALL*   *KEIN?*

IST   *DAS*   *ZUFALL*   *KEIN?*

IST   *DAS*   *ZUFALL*   *KEIN?*

IST   *DAS*   *ZUFALL*   *KEIN?*

IST   *DAS*   *ZUFALL*   *KEIN?*

IST   *DAS*   *ZUFALL*   *KEIN?*

IST   *DAS*   *ZUFALL*   *KEIN?*

IST   *DAS*   *ZUFALL*   *KEIN?*

IST   *DAS*   *ZUFALL*   *KEIN?*

IST   *DAS*   *ZUFALL*   *KEIN?*

IST	*KEIN*	*DAS*	*ZUFALL?*
IST	*KEIN*	*DAS*	*ZUFALL?*
IST	*KEIN*	*DAS*	*ZUFALL?*
IST	*KEIN*	*DAS*	*ZUFALL?*
IST	*KEIN*	*DAS*	*ZUFALL?*
IST	*KEIN*	*DAS*	*ZUFALL?*
IST	*KEIN*	*DAS*	*ZUFALL?*
IST	*KEIN*	*DAS*	*ZUFALL?*
IST	*KEIN*	*DAS*	*ZUFALL?*
IST	*KEIN*	*DAS*	*ZUFALL?*
IST	*KEIN*	*DAS*	*ZUFALL?*
IST	*KEIN*	*DAS*	*ZUFALL?*
IST	*KEIN*	*DAS*	*ZUFALL?*
IST	*KEIN*	*DAS*	*ZUFALL?*
IST	*KEIN*	*DAS*	*ZUFALL?*
IST	*KEIN*	*DAS*	*ZUFALL?*
IST	*KEIN*	*DAS*	*ZUFALL?*
IST	*KEIN*	*DAS*	*ZUFALL?*
IST	*KEIN*	*DAS*	*ZUFALL?*
IST	*KEIN*	*DAS*	*ZUFALL?*
IST	*KEIN*	*DAS*	*ZUFALL?*
IST	*KEIN*	*DAS*	*ZUFALL?*

IST	*KEIN*	*ZUFALL*	*DAS?*
IST	*KEIN*	*ZUFALL*	*DAS?*
IST	*KEIN*	*ZUFALL*	*DAS?*
IST	*KEIN*	*ZUFALL*	*DAS?*
IST	*KEIN*	*ZUFALL*	*DAS?*
IST	*KEIN*	*ZUFALL*	*DAS?*
IST	*KEIN*	*ZUFALL*	*DAS?*
IST	*KEIN*	*ZUFALL*	*DAS?*
IST	*KEIN*	*ZUFALL*	*DAS?*
IST	*KEIN*	*ZUFALL*	*DAS?*
IST	*KEIN*	*ZUFALL*	*DAS?*
IST	*KEIN*	*ZUFALL*	*DAS?*
IST	*KEIN*	*ZUFALL*	*DAS?*
IST	*KEIN*	*ZUFALL*	*DAS?*
IST	*KEIN*	*ZUFALL*	*DAS?*
IST	*KEIN*	*ZUFALL*	*DAS?*
IST	*KEIN*	*ZUFALL*	*DAS?*
IST	*KEIN*	*ZUFALL*	*DAS?*
IST	*KEIN*	*ZUFALL*	*DAS?*
IST	*KEIN*	*ZUFALL*	*DAS?*
IST	*KEIN*	*ZUFALL*	*DAS?*

IST   *ZUFALL*   *DAS*   *KEIN?*

IST   *ZUFALL*   *DAS*   *KEIN?*

IST   *ZUFALL*   *DAS*   *KEIN?*

IST   *ZUFALL*   *DAS*   *KEIN?*

IST   *ZUFALL*   *DAS*   *KEIN?*

IST   *ZUFALL*   *DAS*   *KEIN?*

IST   *ZUFALL*   *DAS*   *KEIN?*

IST   *ZUFALL*   *DAS*   *KEIN?*

IST   *ZUFALL*   *DAS*   *KEIN?*

IST   *ZUFALL*   *DAS*   *KEIN?*

IST   *ZUFALL*   *DAS*   *KEIN?*

IST   *ZUFALL*   *DAS*   *KEIN?*

IST   *ZUFALL*   *DAS*   *KEIN?*

IST   *ZUFALL*   *DAS*   *KEIN?*

IST   *ZUFALL*   *DAS*   *KEIN?*

IST   *ZUFALL*   *DAS*   *KEIN?*

IST   *ZUFALL*   *DAS*   *KEIN?*

IST   *ZUFALL*   *DAS*   *KEIN?*

IST   *ZUFALL*   *DAS*   *KEIN?*

IST   *ZUFALL*   *DAS*   *KEIN?*

IST   *ZUFALL*   *DAS*   *KEIN?*

IST   *ZUFALL*   *DAS*   *KEIN?*

IST	ZUFALL	KEIN	DAS?
IST	ZUFALL	KEIN	DAS?
IST	ZUFALL	KEIN	DAS?
IST	ZUFALL	KEIN	DAS?
IST	ZUFALL	KEIN	DAS?
IST	ZUFALL	KEIN	DAS?
IST	ZUFALL	KEIN	DAS?
IST	ZUFALL	KEIN	DAS?
IST	ZUFALL	KEIN	DAS?
IST	ZUFALL	KEIN	DAS?
IST	ZUFALL	KEIN	DAS?
IST	ZUFALL	KEIN	DAS?
IST	ZUFALL	KEIN	DAS?
IST	ZUFALL	KEIN	DAS?
IST	ZUFALL	KEIN	DAS?
IST	ZUFALL	KEIN	DAS?
IST	ZUFALL	KEIN	DAS?
IST	ZUFALL	KEIN	DAS?
IST	ZUFALL	KEIN	DAS?
IST	ZUFALL	KEIN	DAS?
IST	ZUFALL	KEIN	DAS?

KEIN	DAS	IST	ZUFALL!
KEIN	*DAS*	*IST*	*ZUFALL!*
KEIN	*DAS*	*IST*	*ZUFALL!*
KEIN	*DAS*	*IST*	*ZUFALL!*
KEIN	*DAS*	*IST*	*ZUFALL!*
KEIN	*DAS*	*IST*	*ZUFALL!*
KEIN	*DAS*	*IST*	*ZUFALL!*
KEIN	*DAS*	*IST*	*ZUFALL!*
KEIN	*DAS*	*IST*	*ZUFALL!*
KEIN	*DAS*	*IST*	*ZUFALL!*
KEIN	*DAS*	*IST*	*ZUFALL!*
KEIN	*DAS*	*IST*	*ZUFALL!*
KEIN	*DAS*	*IST*	*ZUFALL!*
KEIN	*DAS*	*IST*	*ZUFALL!*
KEIN	*DAS*	*IST*	*ZUFALL!*
KEIN	*DAS*	*IST*	*ZUFALL!*
KEIN	*DAS*	*IST*	*ZUFALL!*
KEIN	*DAS*	*IST*	*ZUFALL!*
KEIN	*DAS*	*IST*	*ZUFALL!*
KEIN	*DAS*	*IST*	*ZUFALL!*
KEIN	*DAS*	*IST*	*ZUFALL!*
KEIN	*DAS*	*IST*	*ZUFALL!*

KEIN	DAS	ZUFALL	IST!
KEIN	DAS	ZUFALL	IST!
KEIN	DAS	ZUFALL	IST!
KEIN	DAS	ZUFALL	IST!
KEIN	DAS	ZUFALL	IST!
KEIN	DAS	ZUFALL	IST!
KEIN	DAS	ZUFALL	IST!
KEIN	DAS	ZUFALL	IST!
KEIN	DAS	ZUFALL	IST!
KEIN	DAS	ZUFALL	IST!
KEIN	DAS	ZUFALL	IST!
KEIN	DAS	ZUFALL	IST!
KEIN	DAS	ZUFALL	IST!
KEIN	DAS	ZUFALL	IST!
KEIN	DAS	ZUFALL	IST!
KEIN	DAS	ZUFALL	IST!
KEIN	DAS	ZUFALL	IST!
KEIN	DAS	ZUFALL	IST!
KEIN	DAS	ZUFALL	IST!
KEIN	DAS	ZUFALL	IST!
KEIN	DAS	ZUFALL	IST!

KEIN	*IST*	*DAS*	*ZUFALL!*
KEIN	*IST*	*DAS*	*ZUFALL!*
KEIN	*IST*	*DAS*	*ZUFALL!*
KEIN	*IST*	*DAS*	*ZUFALL!*
KEIN	*IST*	*DAS*	*ZUFALL!*
KEIN	*IST*	*DAS*	*ZUFALL!*
KEIN	*IST*	*DAS*	*ZUFALL!*
KEIN	*IST*	*DAS*	*ZUFALL!*
KEIN	*IST*	*DAS*	*ZUFALL!*
KEIN	*IST*	*DAS*	*ZUFALL!*
KEIN	*IST*	*DAS*	*ZUFALL!*
KEIN	*IST*	*DAS*	*ZUFALL!*
KEIN	*IST*	*DAS*	*ZUFALL!*
KEIN	*IST*	*DAS*	*ZUFALL!*
KEIN	*IST*	*DAS*	*ZUFALL!*
KEIN	*IST*	*DAS*	*ZUFALL!*
KEIN	*IST*	*DAS*	*ZUFALL!*
KEIN	*IST*	*DAS*	*ZUFALL!*
KEIN	*IST*	*DAS*	*ZUFALL!*
KEIN	*IST*	*DAS*	*ZUFALL!*
KEIN	*IST*	*DAS*	*ZUFALL!*
KEIN	*IST*	*DAS*	*ZUFALL!*

KEIN	*IST*	*ZUFALL*	*DAS!*
KEIN	*IST*	*ZUFALL*	*DAS!*
KEIN	*IST*	*ZUFALL*	*DAS!*
KEIN	*IST*	*ZUFALL*	*DAS!*
KEIN	*IST*	*ZUFALL*	*DAS!*
KEIN	*IST*	*ZUFALL*	*DAS!*
KEIN	*IST*	*ZUFALL*	*DAS!*
KEIN	*IST*	*ZUFALL*	*DAS!*
KEIN	*IST*	*ZUFALL*	*DAS!*
KEIN	*IST*	*ZUFALL*	*DAS!*
KEIN	*IST*	*ZUFALL*	*DAS!*
KEIN	*IST*	*ZUFALL*	*DAS!*
KEIN	*IST*	*ZUFALL*	*DAS!*
KEIN	*IST*	*ZUFALL*	*DAS!*
KEIN	*IST*	*ZUFALL*	*DAS!*
KEIN	*IST*	*ZUFALL*	*DAS!*
KEIN	*IST*	*ZUFALL*	*DAS!*
KEIN	*IST*	*ZUFALL*	*DAS!*
KEIN	*IST*	*ZUFALL*	*DAS!*
KEIN	*IST*	*ZUFALL*	*DAS!*
KEIN	*IST*	*ZUFALL*	*DAS!*
KEIN	*IST*	*ZUFALL*	*DAS!*

KEIN	*ZUFALL*	*DAS*	*IST!*
KEIN	*ZUFALL*	*DAS*	*IST!*
KEIN	*ZUFALL*	*DAS*	*IST!*
KEIN	*ZUFALL*	*DAS*	*IST!*
KEIN	*ZUFALL*	*DAS*	*IST!*
KEIN	*ZUFALL*	*DAS*	*IST!*
KEIN	*ZUFALL*	*DAS*	*IST!*
KEIN	*ZUFALL*	*DAS*	*IST!*
KEIN	*ZUFALL*	*DAS*	*IST!*
KEIN	*ZUFALL*	*DAS*	*IST!*
KEIN	*ZUFALL*	*DAS*	*IST!*
KEIN	*ZUFALL*	*DAS*	*IST!*
KEIN	*ZUFALL*	*DAS*	*IST!*
KEIN	*ZUFALL*	*DAS*	*IST!*
KEIN	*ZUFALL*	*DAS*	*IST!*
KEIN	*ZUFALL*	*DAS*	*IST!*
KEIN	*ZUFALL*	*DAS*	*IST!*
KEIN	*ZUFALL*	*DAS*	*IST!*
KEIN	*ZUFALL*	*DAS*	*IST!*
KEIN	*ZUFALL*	*DAS*	*IST!*
KEIN	*ZUFALL*	*DAS*	*IST!*

KEIN   *ZUFALL*   *IST*   *DAS!*

KEIN   *ZUFALL*   *IST*   *DAS!*

KEIN   *ZUFALL*   *IST*   *DAS!*

KEIN   *ZUFALL*   *IST*   *DAS!*

KEIN   *ZUFALL*   *IST*   *DAS!*

KEIN   *ZUFALL*   *IST*   *DAS!*

KEIN   *ZUFALL*   *IST*   *DAS!*

KEIN   *ZUFALL*   *IST*   *DAS!*

KEIN   *ZUFALL*   *IST*   *DAS!*

KEIN   *ZUFALL*   *IST*   *DAS!*

KEIN   *ZUFALL*   *IST*   *DAS!*

KEIN   *ZUFALL*   *IST*   *DAS!*

KEIN   *ZUFALL*   *IST*   *DAS!*

KEIN   *ZUFALL*   *IST*   *DAS!*

KEIN   *ZUFALL*   *IST*   *DAS!*

KEIN   *ZUFALL*   *IST*   *DAS!*

KEIN   *ZUFALL*   *IST*   *DAS!*

KEIN   *ZUFALL*   *IST*   *DAS!*

KEIN   *ZUFALL*   *IST*   *DAS!*

KEIN   *ZUFALL*   *IST*   *DAS!*

KEIN   *ZUFALL*   *IST*   *DAS!*

KEIN   *ZUFALL*   *IST*   *DAS!*

ZUFALL	DAS	IST	KEIN!
ZUFALL	DAS	IST	KEIN!
ZUFALL	DAS	IST	KEIN!
ZUFALL	DAS	IST	KEIN!
ZUFALL	DAS	IST	KEIN!
ZUFALL	DAS	IST	KEIN!
ZUFALL	DAS	IST	KEIN!
ZUFALL	DAS	IST	KEIN!
ZUFALL	DAS	IST	KEIN!
ZUFALL	DAS	IST	KEIN!
ZUFALL	DAS	IST	KEIN!
ZUFALL	DAS	IST	KEIN!
ZUFALL	DAS	IST	KEIN!
ZUFALL	DAS	IST	KEIN!
ZUFALL	DAS	IST	KEIN!
ZUFALL	DAS	IST	KEIN!
ZUFALL	DAS	IST	KEIN!
ZUFALL	DAS	IST	KEIN!
ZUFALL	DAS	IST	KEIN!
ZUFALL	DAS	IST	KEIN!
ZUFALL	DAS	IST	KEIN!
ZUFALL	DAS	IST	KEIN!

ZUFALL	DAS	KEIN	IST!
ZUFALL	DAS	KEIN	IST!
ZUFALL	DAS	KEIN	IST!
ZUFALL	DAS	KEIN	IST!
ZUFALL	DAS	KEIN	IST!
ZUFALL	DAS	KEIN	IST!
ZUFALL	DAS	KEIN	IST!
ZUFALL	DAS	KEIN	IST!
ZUFALL	DAS	KEIN	IST!
ZUFALL	DAS	KEIN	IST!
ZUFALL	DAS	KEIN	IST!
ZUFALL	DAS	KEIN	IST!
ZUFALL	DAS	KEIN	IST!
ZUFALL	DAS	KEIN	IST!
ZUFALL	DAS	KEIN	IST!
ZUFALL	DAS	KEIN	IST!
ZUFALL	DAS	KEIN	IST!
ZUFALL	DAS	KEIN	IST!
ZUFALL	DAS	KEIN	IST!
ZUFALL	DAS	KEIN	IST!
ZUFALL	DAS	KEIN	IST!

ZUFALL	*IST*	*DAS*	*KEIN!*
ZUFALL	*IST*	*DAS*	*KEIN!*
ZUFALL	*IST*	*DAS*	*KEIN!*
ZUFALL	*IST*	*DAS*	*KEIN!*
ZUFALL	*IST*	*DAS*	*KEIN!*
ZUFALL	*IST*	*DAS*	*KEIN!*
ZUFALL	*IST*	*DAS*	*KEIN!*
ZUFALL	*IST*	*DAS*	*KEIN!*
ZUFALL	*IST*	*DAS*	*KEIN!*
ZUFALL	*IST*	*DAS*	*KEIN!*
ZUFALL	*IST*	*DAS*	*KEIN!*
ZUFALL	*IST*	*DAS*	*KEIN!*
ZUFALL	*IST*	*DAS*	*KEIN!*
ZUFALL	*IST*	*DAS*	*KEIN!*
ZUFALL	*IST*	*DAS*	*KEIN!*
ZUFALL	*IST*	*DAS*	*KEIN!*
ZUFALL	*IST*	*DAS*	*KEIN!*
ZUFALL	*IST*	*DAS*	*KEIN!*
ZUFALL	*IST*	*DAS*	*KEIN!*
ZUFALL	*IST*	*DAS*	*KEIN!*
ZUFALL	*IST*	*DAS*	*KEIN!*

ZUFALL	*IST*	*KEIN*	*DAS!*
ZUFALL	*IST*	*KEIN*	*DAS!*
ZUFALL	*IST*	*KEIN*	*DAS!*
ZUFALL	*IST*	*KEIN*	*DAS!*
ZUFALL	*IST*	*KEIN*	*DAS!*
ZUFALL	*IST*	*KEIN*	*DAS!*
ZUFALL	*IST*	*KEIN*	*DAS!*
ZUFALL	*IST*	*KEIN*	*DAS!*
ZUFALL	*IST*	*KEIN*	*DAS!*
ZUFALL	*IST*	*KEIN*	*DAS!*
ZUFALL	*IST*	*KEIN*	*DAS!*
ZUFALL	*IST*	*KEIN*	*DAS!*
ZUFALL	*IST*	*KEIN*	*DAS!*
ZUFALL	*IST*	*KEIN*	*DAS!*
ZUFALL	*IST*	*KEIN*	*DAS!*
ZUFALL	*IST*	*KEIN*	*DAS!*
ZUFALL	*IST*	*KEIN*	*DAS!*
ZUFALL	*IST*	*KEIN*	*DAS!*
ZUFALL	*IST*	*KEIN*	*DAS!*
ZUFALL	*IST*	*KEIN*	*DAS!*
ZUFALL	*IST*	*KEIN*	*DAS!*
ZUFALL	*IST*	*KEIN*	*DAS!*

ZUFALL	*KEIN*	*DAS*	*IST!*
ZUFALL	*KEIN*	*DAS*	*IST!*
ZUFALL	*KEIN*	*DAS*	*IST!*
ZUFALL	*KEIN*	*DAS*	*IST!*
ZUFALL	*KEIN*	*DAS*	*IST!*
ZUFALL	*KEIN*	*DAS*	*IST!*
ZUFALL	*KEIN*	*DAS*	*IST!*
ZUFALL	*KEIN*	*DAS*	*IST!*
ZUFALL	*KEIN*	*DAS*	*IST!*
ZUFALL	*KEIN*	*DAS*	*IST!*
ZUFALL	*KEIN*	*DAS*	*IST!*
ZUFALL	*KEIN*	*DAS*	*IST!*
ZUFALL	*KEIN*	*DAS*	*IST!*
ZUFALL	*KEIN*	*DAS*	*IST!*
ZUFALL	*KEIN*	*DAS*	*IST!*
ZUFALL	*KEIN*	*DAS*	*IST!*
ZUFALL	*KEIN*	*DAS*	*IST!*
ZUFALL	*KEIN*	*DAS*	*IST!*
ZUFALL	*KEIN*	*DAS*	*IST!*
ZUFALL	*KEIN*	*DAS*	*IST!*
ZUFALL	*KEIN*	*DAS*	*IST!*

ZUFALL	KEIN	IST	DAS!
ZUFALL	KEIN	IST	DAS!
ZUFALL	KEIN	IST	DAS!
ZUFALL	KEIN	IST	DAS!
ZUFALL	KEIN	IST	DAS!
ZUFALL	KEIN	IST	DAS!
ZUFALL	KEIN	IST	DAS!
ZUFALL	KEIN	IST	DAS!
ZUFALL	KEIN	IST	DAS!
ZUFALL	KEIN	IST	DAS!
ZUFALL	KEIN	IST	DAS!
ZUFALL	KEIN	IST	DAS!
ZUFALL	KEIN	IST	DAS!
ZUFALL	KEIN	IST	DAS!
ZUFALL	KEIN	IST	DAS!
ZUFALL	KEIN	IST	DAS!
ZUFALL	KEIN	IST	DAS!
ZUFALL	KEIN	IST	DAS!
ZUFALL	KEIN	IST	DAS!
ZUFALL	KEIN	IST	DAS!
ZUFALL	KEIN	IST	DAS!

...

PRO JAHR ZWEIUNDFÜNFIG WOCHEN, LOGIK ZAHL **„52"** PER GARANTIE ZEITVERLAUF RELEVANT & PRÄSENT. GETEILT DURCH VIER ERGIBT ZAHL „13", IN WORTEN „DREIZEHN", EINE **„13"** PRO HIMMELSRICHTUNG! NACH „52" WOCHEN TAUCHT EIN NEUES JAHR AUF.

ES EXISTIERT EINE GLIEDERUNG IN VIER QUARTALE. ACHTUNG, DETAIL: REAL NICHT ZWÖLF WOCHEN, SONDERN KONKRET DREIZEHN WOCHEN, WAS EIN WICHTIGER FAKTOR IST, IM ALLTAGSLEBEN, FÜR BERUF, VERWALTUNG (KALENDARIUM), IM KAUFMÄNNISCHEN BEREICH, FÜR KIRCHENJAHR UND ANDERE BEREICHE.

AUF GRUND BASIS & REALITÄT EINE WOCHE NUMMER DREIZEHN PRO QUARTAL, OFFENBART SICH ALS OPTION Z.B. EINHALTUNG EINER FASTENWOCHE, FUNKTIONAL WICHTIG FÜR WOHLBEFINDEN SOWIE GESUNDHEIT, SICH SELBST UND ANDEREN MENSCHEN GEGENÜBER ALS ZEICHEN BZW. MARKIERUNG DURCHZUFÜHREN. *...GRATIS EIN TIPP!*

EIN MOTIV ANZAHL WOCHEN PRO QUARTAL BZW. GESAMTZAHL WOCHEN PRO JAHR TAUCHT ERNEUT AUF, INSOFERN ZAHL „52", IN WORTEN „ZWEIUNDFÜNFZIG", ZUR ZAHL & QUALITÄT „100" IN BEZUG GESETZT WIRD. EINE DIFFERENZ BEIDER ZAHLEN ERGIBT REAL ZAHL „48", ...IN WORTEN „ACHTUNDVIERZIG".

UNGEACHTET DESSEN EXISTIEREN ALS ANGEBOT IM BEREICH ENTERTAINMENT UND PÄDAGOGIK EINIGE SPIELE, WELCHE MIT EINEM KARTENDECK VON „52" KARTEN ARBEITEN, Z.B. POKER UND BRIDGE PER FRANZÖSISCHEM BLATT BZW. POKER PER ANGLO-AMERIKANISCHEM BLATT.

...

(Q U E L L E : ... W I K I P E D I A)

F A Z I T

...

EIN MENSCH, WELCHER LEBENSALTER
ZWEIUNDFÜNFZIG JAHRE VOLLENDET,
HAT EXAKT GLEICHE ANZAHL
AN JAHREN ABSOLVIERT,
IN WELCHE PER STRUKTUR
EBENSO EIN JAHR AUTONOM,
ALSO IN ZWEIUNDFÜNFZIG WOCHEN,
...GEGLIEDERT IST.

...

W A H L E N   W A H L E N

W A H L E N   W A H L E N

W A H L E N   W A H L E N

W A H L E N   W A H L E N

...

W A H L E N   W A H L E N

W A H L E N   W A H L E N

W A H L E N   W A H L E N

W A H L E N   W A H L E N

...

W A H L E N   W A H L E N

W A H L E N   W A H L E N

W A H L E N   W A H L E N

W A H L E N   W A H L E N

...

W A H L E N   W A H L E N

W A H L E N   W A H L E N

W A H L E N   W A H L E N

W A H L E N   W A H L E N

...

W A H L E N   W A H L E N

W A H L E N   W A H L E N

W A H L E N   W A H L E N

W A H L E N   W A H L E N

...

W A H L E N   W A H L E N

W A H L E N   W A H L E N

W A H L E N   W A H L E N

W A H L E N   W A H L E N

...

W A H L E N   W A H L E N

W A H L E N   W A H L E N

W A H L E N   W A H L E N

W A H L E N   W A H L E N

...

W A H L E N   W A H L E N

W A H L E N   W A H L E N

W A H L E N   W A H L E N

W A H L E N   W A H L E N

56

...

W A H L E N   W A H L E N

W A H L E N   W A H L E N

W A H L E N   W A H L E N

W A H L E N   W A H L E N

...

W A H L E N   W A H L E N

W A H L E N   W A H L E N

W A H L E N   W A H L E N

W A H L E N   W A H L E N

...

W A H L E N   W A H L E N

W A H L E N   W A H L E N

W A H L E N   W A H L E N

W A H L E N   W A H L E N

...

W A H L E N   W A H L E N

W A H L E N   W A H L E N

W A H L E N   W A H L E N

W A H L E N   W A H L E N

W A H L E N Z A H L E N

...

W A H L E N   Z A H L E N

Z A H L E N   W A H L E N

Z A H L E N   W A H L E N

W A H L E N   Z A H L E N

...

Z A H L E N   W A H L E N

W A H L E N   Z A H L E N

W A H L E N   Z A H L E N

Z A H L E N   W A H L E N

...

W A H L E N   Z A H L E N

W A H L E N   Z A H L E N

Z A H L E N   W A H L E N

Z A H L E N   W A H L E N

...

Z A H L E N   W A H L E N

Z A H L E N   W A H L E N

W A H L E N   Z A H L E N

W A H L E N   Z A H L E N

W A H L E N   Z A H L E N

...

W A H L E N   Z A H L E N

W A H L E N   Z A H L E N

W A H L E N   Z A H L E N

W A H L E N   Z A H L E N

...

Z A H L E N   W A H L E N

Z A H L E N   W A H L E N

Z A H L E N   W A H L E N

Z A H L E N   W A H L E N

...

W A H L E N   Z A H L E N

Z A H L E N   W A H L E N

W A H L E N   Z A H L E N

Z A H L E N   W A H L E N

...

Z A H L E N   W A H L E N

W A H L E N   Z A H L E N

Z A H L E N   W A H L E N

W A H L E N   Z A H L E N

60

...

W A H L E N   W A H L E N

W A H L E N   W A H L E N

Z A H L E N   Z A H L E N

Z A H L E N   Z A H L E N

...

Z A H L E N   Z A H L E N

Z A H L E N   Z A H L E N

W A H L E N   W A H L E N

W A H L E N   W A H L E N

...

W A H L E N   W A H L E N

Z A H L E N   Z A H L E N

Z A H L E N   Z A H L E N

W A H L E N   W A H L E N

...

Z A H L E N   Z A H L E N

W A H L E N   W A H L E N

W A H L E N   W A H L E N

Z A H L E N   Z A H L E N

ZAHLEN WAHLEN

...

Z A H L E N   W A H L E N

W A H L E N   Z A H L E N

W A H L E N   Z A H L E N

Z A H L E N   W A H L E N

...

W A H L E N   Z A H L E N

Z A H L E N   W A H L E N

Z A H L E N   W A H L E N

W A H L E N   Z A H L E N

...

Z A H L E N   W A H L E N

Z A H L E N   W A H L E N

W A H L E N   Z A H L E N

W A H L E N   Z A H L E N

...

W A H L E N   Z A H L E N

W A H L E N   Z A H L E N

Z A H L E N   W A H L E N

Z A H L E N   W A H L E N

ZAHLEN WAHLEN

...

ZAHLEN   WAHLEN

ZAHLEN   WAHLEN

ZAHLEN   WAHLEN

ZAHLEN   WAHLEN

...

WAHLEN   ZAHLEN

WAHLEN   ZAHLEN

WAHLEN   ZAHLEN

WAHLEN   ZAHLEN

...

ZAHLEN   WAHLEN

WAHLEN   ZAHLEN

ZAHLEN   WAHLEN

WAHLEN   ZAHLEN

...

WAHLEN   ZAHLEN

ZAHLEN   WAHLEN

WAHLEN   ZAHLEN

ZAHLEN   WAHLEN

ZAHLEN WAHLEN

...

Z A H L E N   Z A H L E N

Z A H L E N   Z A H L E N

W A H L E N   W A H L E N

W A H L E N   W A H L E N

...

W A H L E N   W A H L E N

W A H L E N   W A H L E N

Z A H L E N   Z A H L E N

Z A H L E N   Z A H L E N

...

Z A H L E N   Z A H L E N

W A H L E N   W A H L E N

W A H L E N   W A H L E N

Z A H L E N   Z A H L E N

...

W A H L E N   W A H L E N

Z A H L E N   Z A H L E N

Z A H L E N   Z A H L E N

W A H L E N   W A H L E N

Z A H L E N   Z A H L E N

...

Z A H L E N   Z A H L E N

Z A H L E N   Z A H L E N

Z A H L E N   Z A H L E N

Z A H L E N   Z A H L E N

...

Z A H L E N   Z A H L E N

Z A H L E N   Z A H L E N

Z A H L E N   Z A H L E N

Z A H L E N   Z A H L E N

...

Z A H L E N   Z A H L E N

Z A H L E N   Z A H L E N

Z A H L E N   Z A H L E N

Z A H L E N   Z A H L E N

...

Z A H L E N   Z A H L E N

Z A H L E N   Z A H L E N

Z A H L E N   Z A H L E N

Z A H L E N   Z A H L E N

...

Z A H L E N   Z A H L E N

Z A H L E N   Z A H L E N

Z A H L E N   Z A H L E N

Z A H L E N   Z A H L E N

...

Z A H L E N   Z A H L E N

Z A H L E N   Z A H L E N

Z A H L E N   Z A H L E N

Z A H L E N   Z A H L E N

...

Z A H L E N   Z A H L E N

Z A H L E N   Z A H L E N

Z A H L E N   Z A · H L E N

Z A H L E N   Z A H L E N

...

Z A H L E N   Z A H L E N

Z A H L E N   Z A H L E N

Z A H L E N   Z A H L E N

Z A H L E N   Z A H L E N

...

Z A H L E N   Z A H L E N

Z A H L E N   Z A H L E N

Z A H L E N   Z A H L E N

Z A H L E N   Z A H L E N

...

Z A H L E N   Z A H L E N

Z A H L E N   Z A H L E N

Z A H L E N   Z A H L E N

Z A H L E N   Z A H L E N

...

Z A H L E N   Z A H L E N

Z A H L E N   Z A H L E N

Z A H L E N   Z A H L E N

Z A H L E N   Z A H L E N

...

Z A H L E N   Z A H L E N

Z A H L E N   Z A H L E N

Z A H L E N   Z A H L E N

Z A H L E N   Z A H L E N

...

SOWOHL	EINE	ZAHL	„52",
SOWIE	GESPIEGELT	ZAHL	„25",
HABEN	REAL	ALS	<u>QUERSUMME</u>
HALLO	BIBLISCHE	ZAHL	**„7"**,
IN	WORTEN:		„SIEBEN".
DABEI	ERGEBEN		ADDITION
ZAHL	PLUS		QUERSUMME
MATHEMATIK	FOLGENDES		ERGEBNIS:

„25"	+	„7"	=	„32"

„52"	+	„7"	=	„59"

SUMME BEIDER ERGEBNISSE IST **„91"**.

„59"	+	„32"	=	„91"

DIFFERENZ BEIDER ERGEBNISSE IST **„27"**.

„59"	−	„32"	=	„27"

KONTRAST BZW. DIE DIFFERENZ BEIDER ERGEBNISSE BETRÄGT **„64"**, 8 x 8, IN WORTEN ACHT MAL ACHT, GLEICHZEITIG SYMBOL GESAMTZAHL FELDER EINES SCHACHBRETTES. INTERESSANT! EIN SCHACHSPIEL? SCHACH, SCHACH MATT? DAS LEBEN IST (K)EIN SPIEL!

„91"	−	„27"	=	„64"

UNABHÄNGIG DAVON ANDERER ART INTERESSANT: SUMME VON „52" SOWIE DAZU GESPIEGELT „25" GLEICH **„77"**, IN WORTEN „S I E B E N U N D S I E B Z I G".

„52"	+	„25"	=	„77"

KEINE SCHNAPSIDEE, EINE SCHNAPSZAHL!

72

...

S P I E L E S P I E L E

S P I E L E S P I E L E

S P I E L E S P I E L E

S P I E L E S P I E L E

...

S P I E L E S P I E L E

S P I E L E S P I E L E

S P I E L E S P I E L E

S P I E L E S P I E L E

...

S P I E L E S P I E L E

S P I E L E S P I E L E

S P I E L E S P I E L E

S P I E L E S P I E L E

...

S P I E L E S P I E L E

S P I E L E S P I E L E

S P I E L E S P I E L E

S P I E L E S P I E L E

...

S P I E L E   S P I E L E

S P I E L E   S P I E L E

S P I E L E   S P I E L E

S P I E L E   S P I E L E

...

S P I E L E   S P I E L E

S P I E L E   S P I E L E

S P I E L E   S P I E L E

S P I E L E   S P I E L E

...

S P I E L E   S P I E L E

S P I E L E   S P I E L E

S P I E L E   S P I E L E

S P I E L E   S P I E L E

...

S P I E L E   S P I E L E

S P I E L E   S P I E L E

S P I E L E   S P I E L E

S P I E L E   S P I E L E

...

S P I E L E   S P I E L E

S P I E L E   S P I E L E

S P I E L E   S P I E L E

S P I E L E   S P I E L E

...

S P I E L E   S P I E L E

S P I E L E   S P I E L E

S P I E L E   S P I E L E

S P I E L E   S P I E L E

...

S P I E L E   S P I E L E

S P I E L E   S P I E L E

S P I E L E   S P I E L E

S P I E L E   S P I E L E

...

S P I E L E   S P I E L E

S P I E L E   S P I E L E

S P I E L E   S P I E L E

S P I E L E   S P I E L E

S P I E L E   Z I E L E

...

S P I E L E   Z I E L E

Z I E L E   S P I E L E

Z I E L E   S P I E L E

S P I E L E   Z I E L E

...

Z I E L E   S P I E L E

S P I E L E   Z I E L E

S P I E L E   Z I E L E

Z I E L E   S P I E L E

...

S P I E L E   Z I E L E

S P I E L E   Z I E L E

Z I E L E   S P I E L E

Z I E L E   S P I E L E

...

Z I E L E   S P I E L E

Z I E L E   S P I E L E

S P I E L E   Z I E L E

S P I E L E   Z I E L E

...

S P I E L E   Z I E L E

S P I E L E   Z I E L E

S P I E L E   Z I E L E

S P I E L E   Z I E L E

...

Z I E L E   S P I E L E

Z I E L E   S P I E L E

Z I E L E   S P I E L E

Z I E L E   S P I E L E

...

S P I E L E   Z I E L E

Z I E L E   S P I E L E

S P I E L E   Z I E L E

Z I E L E   S P I E L E

...

Z I E L E   S P I E L E

S P I E L E   Z I E L E

Z I E L E   S P I E L E

S P I E L E   Z I E L E

80

S P I E L E   Z I E L E

...

S P I E L E   S P I E L E

S P I E L E   S P I E L E

Z I E L E   Z I E L E

Z I E L E   Z I E L E

...

Z I E L E   Z I E L E

Z I E L E   Z I E L E

S P I E L E   S P I E L E

S P I E L E   S P I E L E

...

S P I E L E   S P I E L E

Z I E L E   Z I E L E

Z I E L E   Z I E L E

S P I E L E   S P I E L E

...

Z I E L E   Z I E L E

S P I E L E   S P I E L E

S P I E L E   S P I E L E

Z I E L E   Z I E L E

...

Z I E L E   S P I E L E

S P I E L E   Z I E L E

S P I E L E   Z I E L E

Z I E L E   S P I E L E

...

S P I E L E   Z I E L E

Z I E L E   S P I E L E

Z I E L E   S P I E L E

S P I E L E   Z I E L E

...

Z I E L E   S P I E L E

Z I E L E   S P I E L E

S P I E L E   Z I E L E

S P I E L E   Z I E L E

...

S P I E L E   Z I E L E

S P I E L E   Z I E L E

Z I E L E   S P I E L E

Z I E L E   S P I E L E

...

Z I E L E   S P I E L E

Z I E L E   S P I E L E

Z I E L E   S P I E L E

Z I E L E   S P I E L E

...

S P I E L E   Z I E L E

S P I E L E   Z I E L E

S P I E L E   Z I E L E

S P I E L E   Z I E L E

...

Z I E L E   S P I E L E

S P I E L E   Z I E L E

Z I E L E   S P I E L E

S P I E L E   Z I E L E

...

S P I E L E   Z I E L E

Z I E L E   S P I E L E

S P I E L E   Z I E L E

Z I E L E   S P I E L E

ZIELE SPIELE

...

ZIELE   ZIELE

ZIELE   ZIELE

SPIELE   SPIELE

SPIELE   SPIELE

...

SPIELE   SPIELE

SPIELE   SPIELE

ZIELE   ZIELE

ZIELE   ZIELE

...

ZIELE   ZIELE

SPIELE   SPIELE

SPIELE   SPIELE

ZIELE   ZIELE

...

SPIELE   SPIELE

ZIELE   ZIELE

ZIELE   ZIELE

SPIELE   SPIELE

ZIELE ZIELE

...

Z I E L E   Z I E L E

Z I E L E   Z I E L E

Z I E L E   Z I E L E

Z I E L E   Z I E L E

...

Z I E L E   Z I E L E

Z I E L E   Z I E L E

Z I E L E   Z I E L E

Z I E L E   Z I E L E

...

Z I E L E   Z I E L E

Z I E L E   Z I E L E

Z I E L E   Z I E L E

Z I E L E   Z I E L E

...

Z I E L E   Z I E L E

Z I E L E   Z I E L E

Z I E L E   Z I E L E

Z I E L E   Z I E L E

ZIELE ZIELE

...

Z I E L E   Z I E L E

Z I E L E   Z I E L E

Z I E L E   Z I E L E

Z I E L E   Z I E L E

...

Z I E L E   Z I E L E

Z I E L E   Z I E L E

Z I E L E   Z I E L E

Z I E L E   Z I E L E

...

Z I E L E   Z I E L E

Z I E L E   Z I E L E

Z I E L E   Z I E L E

Z I E L E   Z I E L E

...

Z I E L E   Z I E L E

Z I E L E   Z I E L E

Z I E L E   Z I E L E

Z I E L E   Z I E L E

...

Z I E L E   Z I E L E

Z I E L E   Z I E L E

Z I E L E   Z I E L E

Z I E L E   Z I E L E

...

Z I E L E   Z I E L E

Z I E L E   Z I E L E

Z I E L E   Z I E L E

Z I E L E   Z I E L E

...

Z I E L E   Z I E L E

Z I E L E   Z I E L E

Z I E L E   Z I E L E

Z I E L E   Z I E L E

...

Z I E L E   Z I E L E

Z I E L E   Z I E L E

Z I E L E   Z I E L E

Z I E L E   Z I E L E

Z A H L E N S P I E L E R E I

...

NOCHMALS ERWÄHNT: SPIEGELT MAN ZAHL **„52"**, SO ENTSTEHT REAL EINE ZAHL „25".

ERGEBNIS EINER DIFFERENZ VON „52" UND „25" = „27".

ZAHL „52" BESTEHT AUS ZWEI MAL ZAHL „26".

PER BERECHNUNG QUERSUMME ZAHLEN „25" + „26" + „27" ERHÄLT MAN ZAHL „24".

WIRD ZAHL „24" VON ZAHL „52" SUBTRAHIERT, SO ERGIBT SICH ALS ERGEBNIS REAL EINE ZAHL „28".

MIT EINFACHEN RECHENOPERATIONEN IST KOMPLEX EINE ZUSAMMENHÄNGENDE ZAHLENFORMATION ENTSTANDEN:

...

„24"/ „25"/ „26"/ „27"/ „28".

QUERSUMME GENANNTER GRUPPE ZAHLEN: „24" + „25" + „26" + „27" + „28" (= 2 + 4 + 2 + 5 + 2 + 6 + 2 + 7 + 2 + 8) = „40", IST GLEICH „VIERZIG", WELCHE AUS ZWEI MAL EINER ZAHL „20" BESTEHT.

EINE DIFFERENZ „52" UND „40" ERGIBT ZAHL „12", WELCHE GESPIEGELT WIEDERUM, NOCH FEHLEND, KONKRET ZAHL „21" ERGIBT.

QUERSUMME „24"/ „25"/ „26"/ „27", INSGESAMT NOCH NICHT BERECHNET, ERGIBT ZAHL „30".

92

EINE DIFFERENZ VON „52" UND „30"
ERGIBT, EBENFALLS NOCH FEHLEND,
WIEDERUM EINE ZAHL „22".

REAL EXISTIEREN NUNMEHR ALS
ZAHLENFORMATION FOLGENDE ZAHLEN:
„20"/ „21" /„22"/ „24"/ „25"/
„26"/ „27"/ „28" SOWIE „30".

UM ZAHLENREIHE VON „20" BIS „30"
KOMPLETT ZU MACHEN, FEHLEN (NUR
NOCH) REAL ZAHLEN „23" & „29".

BEI GENAUER BETRACHTUNG FÄLLT AUF,
EINE SUMME BEIDER ZAHLEN
ERGIBT: „23" + „29" = „52".

SOMIT SIND BEIDE ZAHLEN,
BISHER LEIDER NOCH FEHLEND,
INNERHALB EINER GESAMTSERIE NUNMEHR
VOLLSTÄNDIG UND PASSEND MANIFESTIERT.

...

MIT EINFACHEN ZAHLENOPERATIONEN IM ZUSAMMENHANG BASIS ZAHL „52", KONNTE LOGIK MEHR ODER WENIGER LEGER, SPIELERISCH UND LÜCKENLOS EINE FORMATION „20" - „30" ZAHLENREIHE

20/ 21/ 22/ 23/ 24/ 25/ 26/ 27/ 28/ 29/ 30

IM ZUSAMMENHANG ETABLIERT WERDEN.

VOILA´!   ...

<u>ERGEBNISSE ERGEBNISSE</u>

...

ERGEBNISSE ERGEBNISSE

ERGEBNISSE ERGEBNISSE

ERGEBNISSE ERGEBNISSE

ERGEBNISSE ERGEBNISSE

...

ERGEBNISSE ERGEBNISSE

ERGEBNISSE ERGEBNISSE

ERGEBNISSE ERGEBNISSE

ERGEBNISSE ERGEBNISSE

...

ERGEBNISSE ERGEBNISSE

ERGEBNISSE ERGEBNISSE

ERGEBNISSE ERGEBNISSE

ERGEBNISSE ERGEBNISSE

...

ERGEBNISSE ERGEBNISSE

ERGEBNISSE ERGEBNISSE

ERGEBNISSE ERGEBNISSE

ERGEBNISSE ERGEBNISSE

ERGEBNISSE ERGEBNISSE

...

ERGEBNISSE ERGEBNISSE

ERGEBNISSE ERGEBNISSE

ERGEBNISSE ERGEBNISSE

ERGEBNISSE ERGEBNISSE

...

ERGEBNISSE ERGEBNISSE

ERGEBNISSE ERGEBNISSE

ERGEBNISSE ERGEBNISSE

ERGEBNISSE ERGEBNISSE

...

ERGEBNISSE ERGEBNISSE

ERGEBNISSE ERGEBNISSE

ERGEBNISSE ERGEBNISSE

ERGEBNISSE ERGEBNISSE

...

ERGEBNISSE ERGEBNISSE

ERGEBNISSE ERGEBNISSE

ERGEBNISSE ERGEBNISSE

ERGEBNISSE ERGEBNISSE

E R G E B N I S S E   E R G E B N I S S E

...

E R G E B N I S S E   E R G E B N I S S E

E R G E B N I S S E   E R G E B N I S S E

E R G E B N I S S E   E R G E B N I S S E

E R G E B N I S S E   E R G E B N I S S E

...

E R G E B N I S S E   E R G E B N I S S E

E R G E B N I S S E   E R G E B N I S S E

E R G E B N I S S E   E R G E B N I S S E

E R G E B N I S S E   E R G E B N I S S E

...

E R G E B N I S S E   E R G E B N I S S E

E R G E B N I S S E   E R G E B N I S S E

E R G E B N I S S E   E R G E B N I S S E

E R G E B N I S S E   E R G E B N I S S E

...

E R G E B N I S S E   E R G E B N I S S E

E R G E B N I S S E   E R G E B N I S S E

E R G E B N I S S E   E R G E B N I S S E

E R G E B N I S S E   E R G E B N I S S E

ERGEBNISSE ERLEBNISSE

...

ERGEBNISSE ERLEBNISSE

ERLEBNISSE ERGEBNISSE

ERLEBNISSE ERGEBNISSE

ERGEBNISSE ERLEBNISSE

...

ERLEBNISSE ERGEBNISSE

ERGEBNISSE ERLEBNISSE

ERGEBNISSE ERLEBNISSE

ERLEBNISSE ERGEBNISSE

...

ERGEBNISSE ERLEBNISSE

ERGEBNISSE ERLEBNISSE

ERLEBNISSE ERGEBNISSE

ERLEBNISSE ERGEBNISSE

...

ERLEBNISSE ERGEBNISSE

ERLEBNISSE ERGEBNISSE

ERGEBNISSE ERLEBNISSE

ERGEBNISSE ERLEBNISSE

E R G E B N I S S E   E R L E B N I S S E

...

E R G E B N I S S E   E R L E B N I S S E

E R G E B N I S S E   E R L E B N I S S E

E R G E B N I S S E   E R L E B N I S S E

E R G E B N I S S E   E R L E B N I S S E

...

E R L E B N I S S E   E R G E B N I S S E

E R L E B N I S S E   E R G E B N I S S E

E R L E B N I S S E   E R G E B N I S S E

E R L E B N I S S E   E R G E B N I S S E

...

E R G E B N I S S E   E R L E B N I S S E

E R L E B N I S S E   E R G E B N I S S E

E R G E B N I S S E   E R L E B N I S S E

E R L E B N I S S E   E R G E B N I S S E

...

E R L E B N I S S E   E R G E B N I S S E

E R G E B N I S S E   E R L E B N I S S E

E R L E B N I S S E   E R G E B N I S S E

E R G E B N I S S E   E R L E B N I S S E

ERGEBNISSE ERLEBNISSE

...

ERGEBNISSE ERGEBNISSE

ERGEBNISSE ERGEBNISSE

ERLEBNISSE ERLEBNISSE

ERLEBNISSE ERLEBNISSE

...

ERLEBNISSE ERLEBNISSE

ERLEBNISSE ERLEBNISSE

ERGEBNISSE ERGEBNISSE

ERGEBNISSE ERGEBNISSE

...

ERGEBNISSE ERGEBNISSE

ERLEBNISSE ERLEBNISSE

ERLEBNISSE ERLEBNISSE

ERGEBNISSE ERGEBNISSE

...

ERLEBNISSE ERLEBNISSE

ERGEBNISSE ERGEBNISSE

ERGEBNISSE ERGEBNISSE

ERLEBNISSE ERLEBNISSE

ERLEBNISSE ERGEBNISSE

...

ERLEBNISSE ERGEBNISSE

ERGEBNISSE ERLEBNISSE

ERGEBNISSE ERLEBNISSE

ERLEBNISSE ERGEBNISSE

...

ERGEBNISSE ERLEBNISSE

ERLEBNISSE ERGEBNISSE

ERLEBNISSE ERGEBNISSE

ERGEBNISSE ERLEBNISSE

...

ERLEBNISSE ERGEBNISSE

ERLEBNISSE ERGEBNISSE

ERGEBNISSE ERLEBNISSE

ERGEBNISSE ERLEBNISSE

...

ERGEBNISSE ERLEBNISSE

ERGEBNISSE ERLEBNISSE

ERLEBNISSE ERGEBNISSE

ERLEBNISSE ERGEBNISSE

E R L E B N I S S E E R G E B N I S S E

...

E R L E B N I S S E   E R G E B N I S S E

E R L E B N I S S E   E R G E B N I S S E

E R L E B N I S S E   E R G E B N I S S E

E R L E B N I S S E   E R G E B N I S S E

...

E R G E B N I S S E   E R L E B N I S S E

E R G E B N I S S E   E R L E B N I S S E

E R G E B N I S S E   E R L E B N I S S E

E R G E B N I S S E   E R L E B N I S S E

...

E R L E B N I S S E   E R G E B N I S S E

E R G E B N I S S E   E R L E B N I S S E

E R L E B N I S S E   E R G E B N I S S E

E R G E B N I S S E   E R L E B N I S S E

...

E R G E B N I S S E   E R L E B N I S S E

E R L E B N I S S E   E R G E B N I S S E

E R G E B N I S S E   E R L E B N I S S E

E R L E B N I S S E   E R G E B N I S S E

106

ERLEBNISSE ERGEBNISSE

...

ERLEBNISSE ERLEBNISSE

ERLEBNISSE ERLEBNISSE

ERGEBNISSE ERGEBNISSE

ERGEBNISSE ERGEBNISSE

...

ERGEBNISSE ERGEBNISSE

ERGEBNISSE ERGEBNISSE

ERLEBNISSE ERLEBNISSE

ERLEBNISSE ERLEBNISSE

...

ERLEBNISSE ERLEBNISSE

ERGEBNISSE ERGEBNISSE

ERGEBNISSE ERGEBNISSE

ERLEBNISSE ERLEBNISSE

...

ERGEBNISSE ERGEBNISSE

ERLEBNISSE ERLEBNISSE

ERLEBNISSE ERLEBNISSE

ERGEBNISSE ERGEBNISSE

E R L E B N I S S E   E R L E B N I S S E

...

E R L E B N I S S E   E R L E B N I S S E
E R L E B N I S S E   E R L E B N I S S E
E R L E B N I S S E   E R L E B N I S S E
E R L E B N I S S E   E R L E B N I S S E

...

E R L E B N I S S E   E R L E B N I S S E
E R L E B N I S S E   E R L E B N I S S E
E R L E B N I S S E   E R L E B N I S S E
E R L E B N I S S E   E R L E B N I S S E

...

E R L E B N I S S E   E R L E B N I S S E
E R L E B N I S S E   E R L E B N I S S E
E R L E B N I S S E   E R L E B N I S S E
E R L E B N I S S E   E R L E B N I S S E

...

E R L E B N I S S E   E R L E B N I S S E
E R L E B N I S S E   E R L E B N I S S E
E R L E B N I S S E   E R L E B N I S S E
E R L E B N I S S E   E R L E B N I S S E

ERLEBNISSE ERLEBNISSE

...

ERLEBNISSE ERLEBNISSE

ERLEBNISSE ERLEBNISSE

ERLEBNISSE ERLEBNISSE

ERLEBNISSE ERLEBNISSE

...

ERLEBNISSE ERLEBNISSE

ERLEBNISSE ERLEBNISSE

ERLEBNISSE ERLEBNISSE

ERLEBNISSE ERLEBNISSE

...

ERLEBNISSE ERLEBNISSE

ERLEBNISSE ERLEBNISSE

ERLEBNISSE ERLEBNISSE

ERLEBNISSE ERLEBNISSE

...

ERLEBNISSE ERLEBNISSE

ERLEBNISSE ERLEBNISSE

ERLEBNISSE ERLEBNISSE

ERLEBNISSE ERLEBNISSE

E R L E B N I S S E E R L E B N I S S E

...

E R L E B N I S S E E R L E B N I S S E

E R L E B N I S S E E R L E B N I S S E

E R L E B N I S S E E R L E B N I S S E

E R L E B N I S S E E R L E B N I S S E

...

E R L E B N I S S E E R L E B N I S S E

E R L E B N I S S E E R L E B N I S S E

E R L E B N I S S E E R L E B N I S S E

E R L E B N I S S E E R L E B N I S S E

...

E R L E B N I S S E E R L E B N I S S E

E R L E B N I S S E E R L E B N I S S E

E R L E B N I S S E E R L E B N I S S E

E R L E B N I S S E E R L E B N I S S E

...

E R L E B N I S S E E R L E B N I S S E

E R L E B N I S S E E R L E B N I S S E

E R L E B N I S S E E R L E B N I S S E

E R L E B N I S S E E R L E B N I S S E

BIOGRAFIEARBEIT

...

DAS WICHTIGSTES BUCH DER WELT, DIE BIBEL, ENDET MIT KAPITEL „22". DAS HEBRÄISCHE ALPHABET (ISRAEL) HAT GENAU „22" BUCHSTABEN.

SICHER IST DAS KEIN ZUFALL!

DIFFERENZ VON „52" UND „22" KONKRET IST ZAHL „30". UNTER BEACHTUNG EINER ANZAHL VON „12" MONATEN PRO JAHR UMFASST ZEITRAUM VON „30" JAHREN REAL 360 MONATE, GLEICHZEITIG GRADZAHL GESAMT VOLLKREIS (360°).

ERGÄNZUNG: NACHDEM BEREITS ANGABEN ZU „JAHR", „WOCHE(N)" SOWIE „MONAT(E)" GEMACHT WORDEN SIND, FEHLT BEACHTUNG PRO GANZHEIT ANGABE ZEITEINHEIT „TAG": EIN BIBLISCHES JAHR UMFASST 360 TAGE.

...

WAS HABEN GENANNTE GEISTIGE STRUKTUREN MIT REALITÄT, PRAXIS, BIOGRAFIE, BERUF & KARRIERE ZU TUN?

EINE ERKLÄRUNG IST LOGIK KONKRET EINFACH UND FUNKTIONAL! MÖCHTE EIN MENSCH SYSTEMKONFORM KARRIERE MACHEN, ERWIRBT ER MIT CA. 18 JAHREN ABITUR. IM ANSCHLUSS DARAN ERFOLGT EIN STUDIUM (BACHELOR) ODER EINE BERUFSAUSBILDUNG MIT EINER DAUER VON OBLIGAT DREI JAHREN.

114

ZUR VERVOLLKOMMNUNG & ABRUNDUNG VON PERSÖNLICHKEIT WERDEN AUSSERDEM IN EINEM WEITEREN JAHR ERGÄNZEND KENNTNISSE PER PRAKTIKUM IM INLAND UND ODER AUSLAND ERWORBEN, EIN SOZIALES JAHR ODER EVTL. EIN SABBATICAL O. Ä. ABSOLVIERT. DER NOCH JUNGE MENSCH IST NUNMEHR ETWA ZWEIUNDZWANZIG JAHRE (+/ -) ALT, DAS BERUFSLEBEN (KARRIERE) BEGINNT. NACH DREI JAHRZEHNTEN, ERGO IM ALTER VON „52" JAHREN (+/-), DER KREIS (360 MONATE) IST AUSGESCHRITTEN, FINDET FUNKTIONAL EIN UP_DATES STATT. EIN MENSCH BEFINDET SICH IN DER ZWEITEN LEBENSHÄLFTE, BIOLOGISCHER ABBAU UND VERFALL MACHEN SICH BEMERKBAR, IM LEBEN GEMACHTE FEHLER KÖNNEN EVTL. NOCH EFFEKTIV REGULIERT WERDEN, DIE DISTANZ ZUM ZEITPUNKT BEGINN RENTENALTER IST NOCH RELATIV WEIT.

LEBENSALTER „52" PLUS MINUS „12"

WÄHREND EIN JAHR ZWÖLF MONATE HAT, VERKÖRPERN ZWÖLF JAHRE EBENFALLS KOMPLEX EINE ZEITEINHEIT. DIE SUMME DER ZAHLEN „52" & „12" IST GLEICH „64", WELCHE BEREITS GENANNT, UND WEIST KLAR & DEUTLICH AUF ENDE ARBEITSLEBEN UND BEGINN RENTE HIN.

AUCH DIE ZAHL „40", ENTSTANDEN PER DIFFERENZ VON „52" & „12" SOWIE EBENFALLS BEREITS ERWÄHNT, IST FÜR DEN WERDEGANG IM LEBEN EINES MENSCHEN WICHTIG: *„BIS „18" SOLLTE EIN MENSCH WISSEN, IN WELCHEM BEREICH ER EINE MEISTERSCHAFT ERREICHEN MÖCHTE. BIS ZUM „40" LEBENSJAHR SOLLTE ZIEL ERREICHT WORDEN SEIN."* AUSNAHMEN BESTÄTIGEN DIE REGEL!

116

VIELEN DANK FÜR DIE AUFMERKSAMKEIT! ...

K O N T U R E N   K O N T U R E N

...

K O N T U R E N   K O N T U R E N

K O N T U R E N   K O N T U R E N

K O N T U R E N   K O N T U R E N

K O N T U R E N   K O N T U R E N

...

K O N T U R E N   K O N T U R E N

K O N T U R E N   K O N T U R E N

K O N T U R E N   K O N T U R E N

K O N T U R E N   K O N T U R E N

...

K O N T U R E N   K O N T U R E N

K O N T U R E N   K O N T U R E N

K O N T U R E N   K O N T U R E N

K O N T U R E N   K O N T U R E N

...

K O N T U R E N   K O N T U R E N

K O N T U R E N   K O N T U R E N

K O N T U R E N   K O N T U R E N

K O N T U R E N   K O N T U R E N

...

K O N T U R E N   K O N T U R E N

K O N T U R E N   K O N T U R E N

K O N T U R E N   K O N T U R E N

K O N T U R E N   K O N T U R E N

...

K O N T U R E N   K O N T U R E N

K O N T U R E N   K O N T U R E N

K O N T U R E N   K O N T U R E N

K O N T U R E N   K O N T U R E N

...

K O N T U R E N   K O N T U R E N

K O N T U R E N   K O N T U R E N

K O N T U R E N   K O N T U R E N

K O N T U R E N   K O N T U R E N

...

K O N T U R E N   K O N T U R E N

K O N T U R E N   K O N T U R E N

K O N T U R E N   K O N T U R E N

K O N T U R E N   K O N T U R E N

K O N T U R E N   K O N T U R E N

...

K O N T U R E N   K O N T U R E N

K O N T U R E N   K O N T U R E N

K O N T U R E N   K O N T U R E N

K O N T U R E N   K O N T U R E N

...

K O N T U R E N   K O N T U R E N

K O N T U R E N   K O N T U R E N

K O N T U R E N   K O N T U R E N

K O N T U R E N   K O N T U R E N

...

K O N T U R E N   K O N T U R E N

K O N T U R E N   K O N T U R E N

K O N T U R E N   K O N T U R E N

K O N T U R E N   K O N T U R E N

...

K O N T U R E N   K O N T U R E N

K O N T U R E N   K O N T U R E N

K O N T U R E N   K O N T U R E N

K O N T U R E N   K O N T U R E N

121

K O N T U R E N S P U R E N

...

K O N T U R E N S P U R E N

S P U R E N K O N T U R E N

S P U R E N K O N T U R E N

K O N T U R E N S P U R E N

...

S P U R E N K O N T U R E N

K O N T U R E N S P U R E N

K O N T U R E N S P U R E N

S P U R E N K O N T U R E N

...

K O N T U R E N S P U R E N

K O N T U R E N S P U R E N

S P U R E N K O N T U R E N

S P U R E N K O N T U R E N

...

S P U R E N K O N T U R E N

S P U R E N K O N T U R E N

K O N T U R E N S P U R E N

K O N T U R E N S P U R E N

...

K O N T U R E N   S P U R E N

K O N T U R E N   S P U R E N

K O N T U R E N   S P U R E N

K O N T U R E N   S P U R E N

...

S P U R E N   K O N T U R E N

S P U R E N   K O N T U R E N

S P U R E N   K O N T U R E N

S P U R E N   K O N T U R E N

...

K O N T U R E N   S P U R E N

S P U R E N   K O N T U R E N

K O N T U R E N   S P U R E N

S P U R E N   K O N T U R E N

...

S P U R E N   K O N T U R E N

K O N T U R E N   S P U R E N

S P U R E N   K O N T U R E N

K O N T U R E N   S P U R E N

124

...

KONTUREN KONTUREN

KONTUREN KONTUREN

SPUREN   SPUREN

SPUREN   SPUREN

...

SPUREN   SPUREN

SPUREN   SPUREN

KONTUREN KONTUREN

KONTUREN KONTUREN

...

KONTUREN KONTUREN

SPUREN   SPUREN

SPUREN   SPUREN

KONTUREN KONTUREN

...

SPUREN   SPUREN

KONTUREN KONTUREN

KONTUREN KONTUREN

SPUREN   SPUREN

S P U R E N   K O N T U R E N

...

S P U R E N   K O N T U R E N

K O N T U R E N   S P U R E N

K O N T U R E N   S P U R E N

S P U R E N   K O N T U R E N

...

K O N T U R E N   S P U R E N

S P U R E N   K O N T U R E N

S P U R E N   K O N T U R E N

K O N T U R E N   S P U R E N

...

S P U R E N   K O N T U R E N

S P U R E N   K O N T U R E N

K O N T U R E N   S P U R E N

K O N T U R E N   S P U R E N

...

K O N T U R E N   S P U R E N

K O N T U R E N   S P U R E N

S P U R E N   K O N T U R E N

S P U R E N   K O N T U R E N

SPUREN KONTUREN

...

SPUREN KONTUREN

SPUREN KONTUREN

SPUREN KONTUREN

SPUREN KONTUREN

...

KONTUREN SPUREN

KONTUREN SPUREN

KONTUREN SPUREN

KONTUREN SPUREN

...

SPUREN KONTUREN

KONTUREN SPUREN

SPUREN KONTUREN

KONTUREN SPUREN

...

KONTUREN SPUREN

SPUREN KONTUREN

KONTUREN SPUREN

SPUREN KONTUREN

128

SPUREN KONTUREN

...

S P U R E N S P U R E N

S P U R E N S P U R E N

K O N T U R E N K O N T U R E N

K O N T U R E N K O N T U R E N

...

K O N T U R E N K O N T U R E N

K O N T U R E N K O N T U R E N

S P U R E N S P U R E N

S P U R E N S P U R E N

...

S P U R E N S P U R E N

K O N T U R E N K O N T U R E N

K O N T U R E N K O N T U R E N

S P U R E N S P U R E N

...

K O N T U R E N K O N T U R E N

S P U R E N S P U R E N

S P U R E N S P U R E N

K O N T U R E N K O N T U R E N

...

S P U R E N   S P U R E N

S P U R E N   S P U R E N

S P U R E N   S P U R E N

S P U R E N   S P U R E N

...

S P U R E N   S P U R E N

S P U R E N   S P U R E N

S P U R E N   S P U R E N

S P U R E N   S P U R E N

...

S P U R E N   S P U R E N

S P U R E N   S P U R E N

S P U R E N   S P U R E N

S P U R E N   S P U R E N

...

S P U R E N   S P U R E N

S P U R E N   S P U R E N

S P U R E N   S P U R E N

S P U R E N   S P U R E N

...

S P U R E N   S P U R E N

S P U R E N   S P U R E N

S P U R E N   S P U R E N

S P U R E N   S P U R E N

...

S P U R E N   S P U R E N

S P U R E N   S P U R E N

S P U R E N   S P U R E N

S P U R E N   S P U R E N

...

S P U R E N   S P U R E N

S P U R E N   S P U R E N

S P U R E N   S P U R E N

S P U R E N   S P U R E N

...

S P U R E N   S P U R E N

S P U R E N   S P U R E N

S P U R E N   S P U R E N

S P U R E N   S P U R E N

...

S P U R E N   S P U R E N

S P U R E N   S P U R E N

S P U R E N   S P U R E N

S P U R E N   S P U R E N

...

S P U R E N   S P U R E N

S P U R E N   S P U R E N

S P U R E N   S P U R E N

S P U R E N   S P U R E N

...

S P U R E N   S P U R E N

S P U R E N   S P U R E N

S P U R E N   S P U R E N

S P U R E N   S P U R E N

...

S P U R E N   S P U R E N

S P U R E N   S P U R E N

S P U R E N   S P U R E N

S P U R E N   S P U R E N

E *F* *F* *H* *L* *R*

...

IN WELCHEM LEBENSALTER HAT DER AUTOR DES BUCHES DIE PUBLIKATION ANGEFERTIGT? ...

...

CHAPEAU, GUT KOMBINIERT!
RICHTIG, IM ALTER
VON „52", IN WORTEN
„ZWEIUNDFÜNFZIG", JAHREN.

INHALTSVERZEICHNIS

...

DANK AN ALLE DIE GEHOLFEN HABEN! ...

FRIEDEN   SEI   MIT   UNS!   ...

VON   DER   PFLICHT   ZUR   VERGEBUNG:

DA TRAT PETRUS ZU IHM UND FRAGTE:
HERR,   WIE   OFT   MUSS   ICH
MEINEM BRUDER VERGEBEN, WENN ER
SICH   GEGEN   MICH   VERSÜNDIGT?
SIEBENMAL? JESUS SAGTE ZU IHM:
NICHT SIEBENMAL, SIEBENUNDSIEBZIGMAL.

MATTHÄUS,   18,   21-22